LE PRÉSIDENT

DE LA

RÉPUBLIQUE FRANÇAISE

Ses droits, ses devoirs, son passé,
son présent, son avenir

PAR

UN VIEIL AMI DU GRAND HOMME

PARIS

VIALAT ET C$_{ie}$, LIBRAIRES-ÉDITEURS

12, RUE DE SAVOIE

1849

LE PRÉSIDENT

DE LA

RÉPUBLIQUE FRANÇAISE

ÉLECTION DU PRÉSIDENT

Enfin la prédiction de l'illustre captif de Sainte-Hélène est accomplie : la France est bien en république, aujourd'hui que le neveu du grand homme préside à ses destinées. Et nous disons *aujourd'hui*, car nous ne saurions appeler *république* cette position sans nom que des fous et des furieux avaient faite à la France. Non, alors que toute autorité était méconnue, que la propriété était menacée, qu'on foulait aux pieds les notions éternelles de la morale, que les lois de la famille étaient ouvertement méprisées et battues en brèche, et que des énergumènes appelaient de tous leurs vœux, de tous leurs efforts, le règne de la terreur, non, alors la république n'existait pas! ce que nous avions, c'était l'impuissance se débattant sous les étreintes de l'anarchie.

Mais Dieu veillait sur notre patrie, cette fille aînée de l'Eglise; au milieu de ce débordement de mauvaises passions, le nom de Napoléon apparut comme un phare au plus fort de la tempête, et tout le monde vint se rallier autour de ce symbole d'ordre, de nationalité et de gloire, et six millions de voix ont appelé au gouvernement de la France l'héritier de l'homme qui, l'ayant autrefois trouvée pauvre, faible, expirante, l'avait faite grande, forte, riche et glorieuse.

Un des grands-prêtres du socialisme a dit : « L'élection de M. Louis-Napoléon à la présidence tue le socialisme pour cent ans! » On peut hardiment aller plus loin, et dire que cette élection tue et enlève le socialisme. Depuis dix-huit ans que le socialisme écrit, enseigne, et va prêchant de ville en ville, on pouvait croire qu'à défaut de la majorité dans cette élection, il aurait au moins une de ces minorités importantes qui tiennent les majorités en échec; telle était notre crainte au sortir de ces clubs si bruyants, si vantards, desquels on croirait toujours qu'il va sortir, au nom du peuple, une protestation formidable et vengeresse contre la vieille société. La France a confondu ces oracles, et s'est noblement vengée de ces calomnies qui l'inféodaient à des sectes qu'elle repousse.

L'histoire de cette élection sera une des pages les plus brillantes de nos annales. Nous croyons avoir le droit de l'écrire, nous qui avons assisté à toutes les phases de ce grand événement, et si la véracité est le principal mérite d'une histoire, il

nous est permis de compter sur un grand
et légitime succès.

Nous n'entreprendrons point ici de raconter l'histoire de Louis-Napoléon, histoire si accidentée, si dramatique, si remplie
de faits remarquables, d'événements provi-
dentiels, de grandes infortunes et d'exem-
ples d'un courage héroïque et d'une noble
et admirable résignation. C'est seulement
du Président de la République que nous
voulons parler ; c'est l'histoire de son élection que nous voulons raconter, et si, plus
loin, il nous arrive de faire quelques pas
en arrière, ce ne sera que pour apporter
des faits à l'appui de nos appréciations.
Nous prendrons donc pour point de départ
la révolution de février, événement aussi
prodigieux qu'inattendu, qui sembla tout
d'abord devoir changer la face du monde.

Le prince Louis-Napoléon était à Londres lorsque cette révolution éclata ; son
cœur bondit de joie en apprenant que la

république était proclamée en France, et il accourut à Paris pour se mettre à la disposition du gouvernement provisoire, mais déjà le pouvoir nouveau tremblait comme s'il eût été effrayé de ce qu'il avait fait ; on fit entendre au prince que sa présence sur le sol français pouvait augmenter beaucoup les embarras du moment, empêcher la jeune république de s'affermir, et sacrifiant toutes ses joies, toutes ses espérances, au bonheur du pays, il s'éloigna.

Mais le temps de la réparation était proche ; désavouant les trembleurs qui lui avaient fait reprendre le chemin de l'exil, deux cent mille électeurs jetèrent spontanément son nom dans l'urne électorale.

Qui le croirait ! sa nomination est à peine connue, que son nom illustre sert de but et de prétexte à des agitations. Des discussions plus ou moins passionnées s'élèvent, au sein de l'Assemblée législative, au sujet de la validité de ses élections, quel-

1*

ques-uns s'écrient que la République est menacée par ce prétendant, qui nous ramènerait au régime de l'Empire ; d'autres, s'emparant de ce que, dans la rue, son nom se trouve mêlé à celui de quelques auteurs de la tentative du 15 mai contre l'Assemblée nationale, demandent l'application rigoureuse de la loi qui proscrit sa famille, et M. de Lamartine, dans la séance du 12 juin, vient au nom de la commission exécutive faire la proposition suivante :

« Vu l'article 4 de la loi du 12 janvier 1816 ; considérant que Charles-Louis-Napoléon est compris dans la loi de 1832, qui exile du territoire français la famille Bonaparte ;

« Considérant que s'il a été dérogé de fait à cette loi, par un vote de l'Assemblée nationale, qui a admis trois membres de la famille Napoléon à faire partie de l'Assemblée nationale, cette dérogation toute individuelle ne s'étend ni de droit, ni de fait, aux autres membres de la même famille ;

« Considérant que la France veut fonder en paix et en ordre le gouvernement républicain et populaire, sans être traversée dans cette œuvre par des prétentions dynastiques, de nature à susciter des factions et à fomenter, même involontairement, la guerre civile ;

« Considérant que Charles-Louis-Napoléon a fait deux fois acte de prétendant, en rêvant une république avec un empereur, c'est-à-dire en rêvant une république dérisoire dans les termes du sénatus-consulte de l'an XIII ;

« Considérant que ces agitations, symptômes de menées coupables, pourraient acquérir de la gravité, si, par négligence, imprudence ou faiblesse, le gouvernement ne maintenait ses droits ;

« Considérant que le gouvernement ne peut accepter la responsabilité des dangers que courraient la forme républicaine de nos institutions et la paix publique, s'il manquait au premier de ces devoirs et n'exécutait pas une loi existante, justifiée plus que jamais, pendant un temps déterminé, par la raison d'état et par le salut public ;

« La commission du pouvoir exécutif déclare qu'elle fera exécuter, en ce qui concerne Charles-Louis-Napoléon, la loi de 1832, jusqu'au jour où l'Assemblée nationale aura prononcé l'abrogation de cette loi. »

Des voix nombreuses accueillirent cette lecture au cris de *Vive la République !* Mais un représentant, M. Larabit, reprit aussitôt : *Vive la République et pas de proscriptions !*

Dans la séance du lendemain, M. Favre, rapporteur du 7e bureau, monte à la tribune et prononce le discours suivant :

« Citoyens, j'ai l'honneur de vous faire connaître les conclusions que je suis chargé

de soutenir, relativement aux élections de
la Charente-Inférieure,

« Ce département avait un représentant
à nommer par suite d'option ; le procès-
verbal ne permet aucune objection contre
la régularité des opérations électorales :
le citoyen Louis-Napoléon Bonaparte a
obtenu 23,022 voix ; le citoyen Paillet,
ancien député, 21,440, et le citoyen
Charles Thomas, 15,600. La majorité a
été acquise au citoyen Louis Bonaparte,
qui, dans la forme, a été élu représentant
du peuple.

« Mais votre bureau ne s'est pas dissimulé
la difficulté en face de laquelle il se trouvait placé, et je vous demande la permission
de l'aborder franchement et sans prendre
aucun des attermoiements qui pourraient
paraître vouloir l'éluder. Je dis des attermoiements, car il est une question qui n'a
pu être levée faute de justifications relatives
à l'âge et à la nationalité ; mais il serait tout

à fait indigne d'une grande Assemblée, dans des circonstances difficiles, au milieu de l'anxiété publique, de s'arrêter à des attermoiements. Il faut aborder franchement la question : c'est ce qu'a fait votre commission, et elle l'a résolue dans le sens de l'admission du prince Louis-Napoléon Bonaparte.

« M. le rapporteur poursuit le résumé de la discussion de la proposition Piétri, et il s'attache à démontrer que la grande majorité de l'Assemblée voulait l'abrogation de la loi de bannissement contre la famille Bonaparte. Maintenant, dit-il, sortez de l'Assemblée et voyez ce qu'a dû comprendre la conscience publique après l'admission, dans l'Assemblée nationale, de trois membres de la famille Bonaparte, après l'attitude de l'Assemblée elle-même devant la proposition Piétri, après les paroles de M. le ministre de la justice ; demandez-vous si le sentiment public n'a pas dû naturellement être conforme à celui de la majorité de l'Assemblée, qui paraissait être celui du gouvernement.

« M. Ledru-Rollin a semblé, et peut-être n'est-ce qu'une question d'anachronisme, M. Ledru-Rollin a semblé se séparer de M. le ministre de la justice. (Rires.) Mais enfin des membres de la commission exécutive assistaient à la séance du 2 juin ; s'ils n'y assistaient pas, ils ont dû s'en faire rendre compte ; or, la commission exécutive a trop d'intelligence politique pour n'avoir pas compris les conséquences d'un vote de l'Assemblée à propos de la proposition Piétri, qui n'a été écartée que par un ordre du jour pur motivé, après le rejet de l'ordre du jour et simple. Combien un pareil vote n'avait-il pas de signification la veille des élections ?

« Mais si ce n'était pas assez pour prévenir la commission exécutive, le 4 juin, est-ce que les murs de Paris ne se couvraient pas d'affiches, recommandant la candidature du citoyen Louis-Napoléon Bonaparte? Si M. le ministre de la justice n'avait pas exprimé sa pensée, c'était pour le gouvernement le moment dé dire aux électeurs : Prenez-garde ! le vote de l'Assemblée n'est pas définitif ; les paroles du ministre de la justice cachaient un piége. (Murmures.)

« Ce n'est pas tout encore. Le citoyen Louis-Napoléon est élu dans le departement de la Seine et dans plusieurs autres ; qu'a fait le gouvernement? Si sa pensée n'est pas conforme à celle du ministre de la justice, il va en avertir les électeurs et le citoyen Louis-Napoléon lui-même. S'il n'a pas averti le pays à ce moment suprême, la conséquence invincible, c'est que le gouvernement a reconnu sa pensée dans celle du ministre, et je dois le dire, de la majorité de cette Assemblée.

« Cinq jours s'écoulent pendant lesquels à chaque minute, le paquebot de Douvres peut jeter le prince Louis-Napoléon sur les

côtes de France. Le gouvernement ne fait
rien encore. Mais hier, ce n'a pas été sans
une vive surprise que j'ai vu un membre de
la commission exécutive nous lire, non pas
un projet de décret, mais une déclaration
par laquelle le gouvernement annonce qu'il
entend maintenir la loi de bannissement
contre le citoyen Louis-Napoléon Bonaparte.

« Quelle est donc la portée d'un pareil
langage aux yeux du pays tout entier?
Vous avez déclaré la loi de 1832 abrogée,
et voilà qu'en face du pays vous déclarez
de nouveau que la loi de 1832 subsiste et
qu'elle sera appliquée; vous allez même
jusqu'à citer l'article 4 de la loi de 1816,
qui a été abrogée par celle de 1832, et qui
interdit à la famille Bonaparte le territoire
français sous peine de mort. (Mouvements
divers.)

« Croyez-vous donc que vous n'avez pas

entraîné les suffrages des électeurs? Pourquoi les annuler aujourd'hui?

« Voilà la question de légalité telle que votre bureau se l'est posée. A une grande majorité, vous savez laquelle, votre bureau a pensé que cette question avait été résolue par les paroles de M. le ministre de la justice et par le silence du gouvernement, après comme avant l'élection. La majorité du bureau n'a pas pensé qu'il fût possible, après que l'élection populaire a mis son quadruple sceau sur le front d'un citoyen, de lui faire une position plus fâcheuse que lorsqu'il n'était encore que simple citoyen.

« La majorité du bureau a pensé que de la part de toutes les forces du gouvernement, il y avait eu manifestation telle, que le pays avait dû croire que le citoyen Louis-Napoléon avait capacité suffisante pour être élu.

« Quant à la question politique, elle a été soulevée, dans la séance du 2 juin, par les paroles du citoyen Clément Thomas.

« Louis Bonaparte a conspiré deux fois, mais ce n'est pas une raison pour l'exclure s'il se présente maintenant comme simple citoyen, car la France doit ouvrir les bras à tous ses enfants.

« Quelle a été l'attitude du gouvernement? N'a-t-il pas compris la question? Oui, puisque M. le ministre de la Justice disait que la France n'avait rien à craindre. Cette pensée a été, vous le savez tous, celle de la très grande majorité de cette Assemblée.

« La République est trop grande et trop forte, elle a planté son drapeau trop haut pour qu'elle ait rien à craindre.

« Eh bien ! Messieurs, la pensée de l'Assemblée nationale a été aussi celle du bureau. La question de légalité se lie donc, vous le voyez, à la question politique.

« Le citoyen Lamartine a invoqué la raison d'État pour motiver le danger de la présence du prince Louis. Eh bien ! la majorité de votre bureau n'a pas crû que cette pensée dût être modifiée.

« Remarquez qu'il ne ressort pas des considérants en question que Louis Bonaparte se soit allié aux conspirateurs, non ; seulement on dit que son nom a été exploité par des agitateurs, c'est dans ce seul fait qu'on verrait une raison pour revenir sur là pensée manifestée dans la séance du 2 juin. Oui, nous sommes d'accord lorsqu'il s'agit de fonder et de maintenir une République grande, et je la veux, pour ma part, tellement forte qu'elle puisse braver tous les prétendants ; mais que demande la commission ? de voter un amendement d'expulsion contre le citoyen Bonaparte, alors qu'il n'est plus un simple citoyen, ni un prétendant, mais un élu du peuple (Très bien, très-bien.)

« On demande une mesure exceptionnelle. Le citoyen Bonaparte s'est-il mêlé aux agitateurs? A-t-il été surpris la main au milieu des agitations? Oh! alors, l'Assemblée se joindra à vous., elle ne laissera aucun homme en arrière (Très bien, très bien!) pour empêcher qui que ce soit de recommencer les tentatives de reconstruction d'un empire impossible.

« Il est l'élu du peuple. S'il a commis un crime, poursuivez-le ; mais venir prétendre, au nom de la raison d'État, que le citoyen Bonaparte, même innocent, même étranger aux manifestations coupables qui ont provoqué hier un déplorable attentat, prétendre, dis-je, qu'il est un danger, c'est vouloir faire croire que la République que vous avez fondée est bien faible, puisqu'elle a tellement à redouter de la présence d'un homme.

« La commission exécutive a eu tort ; au lieu d'interdire cette enceinte au citoyen Bonaparte, elle aurait dû le convier à cette tribune. . . . . »

Après avoir entendu ce rapport, l'Assemblée, à une majorité imposante, prononça l'admission du citoyen Louis Bonaparte comme représentant du peuple.

Cependant l'élection et l'admission d'un neveu de l'empereur, naguère posé en prétendant, n'avait pas eu lieu sans révéler de grands souvenirs et surexciter certaines passions ; on attendait avec une vive anxiété la solution complète de cette affaire, lorsque, le 14 juin, le prince Louis envoya sa démission, accompagnée de la lettre suivante, lue à l'Assemblée par son président ;

« Londres, 14 juin 1848.

« Monsieur le président,

« Je partais pour me rendre à mon poste, lorsque j'appris que mon élection servait de prétexte à des troubles déplorables, à des erreurs funestes. Je n'ai pas recherché l'honneur d'être élu représentant, parce que je soupçonnais l'injustice dont j'ai été l'objet, je récuse tous les soupçons, car je n'ambitionnais pas cette élection, et encore moins le pouvoir.

« Si le peuple m'impose des devoirs, je saurai les remplir. Mais je désavoue tous ceux qui me prêteraient des intentions ambitieuses que je n'ai pas, et qui se sont servis de mon nom pour fomenter des troubles.

« Mon nom est avant tout un symbole d'ordre, de nationalité, de gloire, et, plutôt que d'être le sujet de troubles et de déchirements, j'aimerais mieux rester en exil.

« Ayez la bonté, monsieur le président, de faire connaître cette lettre à mes collègues.

« Agréez, etc.

« LOUIS BONAPARTE. »

Cette lettre produisit dans toute la France la plus vive sensation ; on admira cette abnégation de soi-même, ce dévouement au pays ; on comprit tout ce que l'on pouvait attendre d'un si beau caractère. Bientôt l'enthousiasme fut au comble, et de nouvelles élections ayant eu lieu au mois de septembre, le généreux patriote, le digne héritier de l'empereur fut élu par cinq départements.

Cette fois il devait se conformer au vœu de ses concitoyens si solennellement exprimé : Louis-Napoléon revint donc dans cette capitale où il est né sur les marches du plus glorieux trône du moment ; il se présenta à l'Assemblée le 26 septembre, et le président ayant proclamé son admission, le nouveau représentant demanda la parole et s'exprima ainsi :

« J'ai besoin d'exposer ici hautement et dès le premier moment où il m'est permis de siéger parmi vous les vrais sentiments qui m'animent. Après trente-quatre années de proscription et d'exil, je retrouve enfin ma patrie et tous mes droits de citoyen !

« La République m'a fait ce bonheur. Que la République reçoive mont serment de reconnaissance et de dévouement, et que les généreux patriotes qui m'on porté dans cette enceinte soient certains que je m'efforcerai de justifier leurs suffrages en travaillant avec vous au maintien de la tranquillité, le premier besoin du pays, et au développement des institutions démocratiques que le peuple a droit de réclamer.

« Longtemps je n'ai pu consacrer à la France que les méditations de l'exil et de la captivité ; aujourd'hui, la carrière où vous marchez m'est ouverte. Recevez-moi dans vos rangs, mes chers collègues, avec le même sentiment d'affectueuse confiance que j'y apporte. Ma conduite, toujours inspirée par le devoir, toujours animée par le respect de la loi, ma conduite prouvera, à l'encontre des passions qui ont essayé de me noircir pour me proscrire encore, que nul ici plus que moi n'est résolu à se dévouer à la défense de l'ordre et à l'affermissement de la République. »

Dès ce moment, l'élection de Louis-Napoléon à la présidence de la République parut assurée. Pourtant ses adversaires ne se tinrent pas pour battus; tous les moyens furent mis en œuvre pour enlever à ce généreux citoyen la popularité qu'il n'avait point recherchée et dont il se montrait si digne : des bouches impures formèrent un concert d'injures et de calomnies dirigées contre lui; de sales pamphlets, d'ignobles caricatures inondèrent le pays, en même temps que, par une manœuvre plus habile que loyale, on poussait l'Assemblée nationale à s'attribuer la nomination du président. Mais cette tentative échoua devant la sagesse et la loyauté des représentants du peuple, et le 26 octobre, à la majorité de cinq cent quatre-vingt-sept voix contre deux cents trente-deux, l'Assemblée rendit le décret suivant :

Art. 1er. Il sera procédé, le 10 décembre 1848, à l'élection du président de la République.

Cette élection aura lieu dans les formes établies par le décret du 5 mars et l'instruction du 8 mars 1848.

Les électeurs voteront au chef-lieu de canton, conformément à l'art. 9 du décret du 5 mars, néanmoins, en raison de circonstances locales, le canton pourra être divisé en plusieurs circonscriptions ; cette division sera faite par le préfet, conformément à l'avis du conseil général.

Aucun bulletin ne sera reçu s'il n'est sur papier blanc ; un canton rural ne pourra être divisé en plus de quatre sections.

La présidence des sections appartiendra, savoir : celle de la première section au juge de paix, les autres à ses suppléants, et à leur défaut, aux maires et adjoints des communes, chefs-lieux de sections.

Art. 2. Seront admis à concourir à cette élection tous les électeurs inscrits sur les listes, en vertu du même décret et de la même instruction.

Les listes de rectification seront dressées conformément au même décret ; elles seront affichées dix jours au moins avant le jour de l'élection.

Les représentants du peuple retenus à Paris par leur mandat législatif pourront voter dans le département de la Seine.

Art. 3. Les militaires des armées de terre et de mer voteront au chef-lieu de canton, dans la circonscription duquel il se trouveront en garnison ou en résidence.

Les listes des électeurs militaires duement certifiées par l'intendant ou le commissaire de navire, seront transmises huit jours avant le jour de l'élection au maire du chef-lieu de canton. Le maire répartira les électeurs entre les diverses sections électorales.

Art. 4. Les votes seront recensés au chef-lieu de département, conformément à l'instruction du 8 mars, et le résultat du recensement, ainsi qu'un double des procès-verbaux d'élection, seront scellés, cachetés et transmis à l'Assemblée nationale.

Une commission spéciale de trente représentants élue dans les bureaux, au scrutin secret et à la majorité relative, sera chargée du dépouillement des procès-verbaux dont elle fera le rapport à l'Assemblée. Le bureau fera partie de cette commission.

Art. 5. Tout bulletin contenant une désignation inconstitutionnelle ne sera pas compté. Toutefois les bulletins ainsi annulés seront annexés aux procès-verbaux et adressés à l'Assemblée nationale.

Art. 6. Aussitôt après qu'il aura été proclamé par l'Assemblée nationale, le

2*

président exercera les pouvoirs qui lui sont confiés par la Constitution.

A l'exception toutefois du droit spécial qui lui est conféré par les articles 55, 56, 57, 58.

Art. 7. Jusqu'à la constitution définitive du conseil d'État, une commission de trente membres élus par l'Assemblée dans les bureaux, au scrutin secret et à la majorité absolue, exercera les pouvoirs attribués au conseil d'État par les art: 54, 64 et 79 de la Constitution.

Au moment de son installation, le président prêtera serment à la Constitution et à la République, en présence de l'Assemblée nationale.

Ce décret, en rassurant les amis de l'ordre et de la prospérité de la France, poussa les adversaires de Louis-Napoléon dans les voies les plus déplorables : les injures et les calomnies redoublèrent; tous les moyens imaginables furent mis en œuvre pour tromper le peuple, et l'on vit le directeur des postes retarder le départ des malles de plus de six heures pour favoriser les concurrents de Louis-Napoléon, en leur donnant ainsi le moyen de répandre à profusion le poison distillé par leur colère aveugle sans que le contre-poison pût se produire et atténuer le mal. Jamais l'arbitraire ne s'était montré plus audacieux; ainsi, en 1830, après les journées de juillet, le roi Charles X était à Rambouillet, ayant autour de lui douze mille hommes de troupes excellentes et quarante pièces de canon. Les malles-postes passaient avec le drapeau tricolore flottant sur l'impériale et portaient dans les départements des ordres et des proclamations du gouvernement provisoire. On voulait les arrêter pour qu'elles n'allassent point propager le mouvement dans le reste de la France.

« — Non, dit le roi, l'absence des courriers jetterait partout l'inquiétude; une multitude de familles qui ont quelques-uns de leurs membres à Paris seraient dans des angoisses mortelles : qu'on laisse passer les malles.

« Et les malles passèrent. »

Ainsi on faisait sous la République, après avoir solennellement proclamé la souveraineté du peuple, ce que n'avaient osé faire les hommes du droit divin et du pouvoir absolu.

Non-seulement tout cela échoua devant l'admirable intelligence du peuple, mais ces manœuvres déloyales tournèrent contre ceux qui les employaient ; ce fut alors que l'on vit tous les bons esprits, les hommes d'État les plus recommandables, l'élite de la France entière, en un mot, se rallier autour du neveu de l'empereur, et se déclarer prêts à le soutenir ; au premier rang se placèrent tout d'abord MM. Molé, Thiers, Odilon Barrot, Berryer, Changarnier, Rulhières, Oudinot, Baraguay-d'Hilliers, Lebreton, un grand nombre d'autres, et M. le maréchal Bugeaud lui-même, qui, habitué à se montrer en face à ses amis et à ses ennemis, écrivit au rédacteur en chef du *Constitutionnel* la lettre suivante :

« Monsieur le rédacteur,

« Lorsque j'écrivis mon désistement à ma candidature pour la présidence de la République, je n'avais aucun parti pris; mon langage a dû reproduire l'état de mon parti. Aujourd'hui je me rallie à l'opinion de la masse des hommes d'ordre, et je déclare que je voterai pour Louis-Napoléon Bonaparte. Les fausses interprétations de mes paroles par les journaux qui soutiennent la candidature du chef du pouvoir exécutif m'obligent à cette déclaration.

« Recevez, Monsieur, l'assurance de ma considération distinguée,

« Maréchal Bugeaud. »

Presque en même temps, un grand nombre de généraux et d'officiers de tous grades

publiaient la résolution suivante, prise à
l'unanimité :

« Vu le régime exceptionnel en dehors
du droit en général et de toute règle admi-
nistrative, comme aussi de l'art militaire ;
régime dans lequel les citoyens Cavaignac,
Lamoricière et Charras notamment ont été
élevés en Afrique et y ont obtenu un avan-
cement plus que rapide ;

« Vu le mépris qu'ils ont fait, dès qu'ils
ont été appelés au pouvoir, de toutes les
lois et réglements militaires sur lesquels
reposent la constitution, la confiance, la
discipline et l'avenir de l'armée ;

« Vu leur ingratitude envers tant d'illustres chefs dont la France s'honore ;

« Vu la forme acerbe, dure, dédai-
gneuse, etc., employée par eux lorsqu'il
leur a plu de correspondre ou d'avoir quelques rapports avec des camarades ou des
citoyens ;

« Vu leur conduite militaire au 24 fé-

vrier, au 15 mai, au 25 juin, leur incapa-
cité ou leur mauvais vouloir, attestés par
tant de sang inutilement répandu ;

« Vu l'abus qu'ils ont fait de leur pouvoir et de tous les moyens administratifs
dont ils disposent pour propager et soutenir
la candidature de l'un d'eux, dans l'espoir
de conserver toutes les hautes fonctions
qu'ils occupent ;

« Ensemble l'alliance de leur triumvirat
avec une coterie ignorante, envieuse, exclu-
sive, égoïste, calomniatrice et dépourvue
de tout patriotisme ;

« D'autre part ;

« Vu les glorieux souvenirs de l'empire,
la mémoire du génie qui vivra éternelle-
ment, la grandeur de son époque, etc.,
etc. ;

« Vu le sacrifice que l'empereur fit deux
fois de sa couronne, de sa famille, de sa
fortune et de sa personne à la France, qu'il
a tant aimée ;

« Vu les malheurs, la probité, l'exil, le courage, les vastes connaissances dans les codes, les lois, les sciences et l'art militaire, l'administration, les mœurs de la France, les intentions pures et honnêtes, le manifeste si éminemment français, les nobles engagements de Louis-Napoléon Bonaparte, neveu de l'empereur, envers le peuple et l'armée;

« Ensemble la situation de la France et de l'Europe;

« Sont d'avis, devant Dieu et devant les hommes, que l'armée, officiers, sous-officiers et soldats, appelés à faire un acte de citoyen et non d'obéissance à un ordre militaire, doivent repousser la candidature d'Eugène Cavaignac à la présidence de la République, et voter pour :

« LOUIS-NAPOLÉON BONAPARTE.

« *Pour et au nom des officiers réunis,*

« Le général baron SOURD,

« Rue de Rivoli, 26. »

Chose admirable et presque sans exemple, les ouvriers, sur tous les points de la France, entraient résolument dans la même voie ; ainsi M. Jourdan, vice-président du comité départemental de l'Aube, délégué des ouvriers charpentiers, scieurs de long, couvreurs et terrassiers de la ville de Troyes adressait, le 14 novembre, à Louis-Napoléon, une lettre dans laquelle il lui offrait les suffrages de huit mille ouvriers dont il était l'interprète ; voici la réponse du futur président :

« Citoyens,

« De tous les témoignages de sympathie qui m'arrivent, aucun ne m'a plus vivement touché que le vôtre. Il m'a prouvé que vous avez bien compris les motifs qui m'ont fait accourir sur cette glorieuse terre de France. Vous ne m'étonnez pas en me signalant les départements. Je n'y oppose que la droiture de ma conscience, et je me sens assez fort avec les seuls appuis que

3

je réclame : Le bon sens du peuple et l'héritage de mon nom.

«Répondez à ceux qui vous parlent de mon ambition, que j'en ai une grande, en effet, celle d'arracher la France au chaos et à l'anarchie, et de la rétablir dans sa grandeur morale en même temps que dans sa liberté.

« Les ouvriers de Troyes, dont vous êtes les interprètes, doivent savoir que, dans l'exil et la prison, j'ai médité sur ces grandes questions du travail qui préoccupent les sociétés modernes. Ils doivent croire que de telles études ont laissé en moi d'ineffaçables traces, et que d'aussi sérieux intérêts me seront toujours chers.

« Dites-leur à tous que je les remercie de leur confiance. Mon cœur m'assure que j'en suis digne, et l'avenir prouvera que j'aurai su la mériter. « Recevez, etc.

« LOUIS-NAPOLÉON BONAPARTE. »

Enfin, le 27 novembre, Napoléon publia son manifeste, pièce trop remarquable pour que nous puissions nous dispenser de la reproduire ; la voici :

Manifeste de Louis-Napoléon Bonaparte à ses concitoyens.

Pour me rappeler de l'exil, vous m'avez nommé représentant du peuple. A la veille d'élire le premier magistrat de la République, mon nom se présente à vous comme symbole d'ordre et de sécurité.

Ces témoignages d'une confiance si honorable s'adressent, je le sais, bien plus à ce nom qu'à moi-même, qui n'ai rien fait encore pour mon pays ; mais plus la mémoire de l'Empereur me protége et inspire vos suffrages, plus je me sens obligé de vous faire connaître mes sentiments et mes principes. Il ne faut pas qu'il y ait d'équivoque entre vous et moi.

Je ne suis pas un ambitieux qui rêve tantôt l'Empire et la guerre, tantôt l'application de théories subversives. Élevé dans les pays libres, à l'école du malheur, je resterai toujours fidèle aux devoirs que m'imposeront vos suffrages et les volontés de l'Assemblée.

Si j'étais nommé président, je ne reculerais devant aucun danger, devant aucun sacrifice pour défendre la société si audacieusement attaquée ; je me dévouerais tout entier, sans arrière-pensée, à l'affermisment d'une République sage par ses lois, honnête par ses intentions, grande et forte par ses actes.

Je mettrais mon bonheur à laisser, au bout de quatre ans, à mon successeur, le pouvoir affermi, la liberté intacte, un progrès réel accompli.

Quel que soit le résultat de l'élection, je m'inclinerai devant la volonté du peuple, et mon concours est acquis d'avance à tout gouvernement juste et ferme qui rétablisse l'ordre dans les esprits comme dans les choses ; qui protége efficacement la religion, la famille, la propriété, bases éternelles de tout état social ; qui provoque les réformes possibles, calme les haines, réconcilie les partis, et permette ainsi à la patrie inquiète de compter sur un lendemain.

Rétablir l'ordre, c'est ramener la confiance, pourvoir par le crédit à l'insuffisance passagère des ressources, restaurer les finances.

Protéger la religion et la famille, c'est assurer la liberté des cultes et la liberté de l'enseignement.

Protéger la propriété, c'est maintenir l'inviolabilité des produits de tous les travaux; c'est garantir l'indépendance et la sécurité de la possession, fondements indispensables de la liberté civile.

Quant aux réformes possibles, voici celles qui me paraissent les plus urgentes :

Admettre toutes les économies qui, sans désorganiser les services publics, permettent la diminution des impôts les plus onéreux au peuple; encourager les entreprises qui, en développant les richesses de l'agriculture, peuvent, en France et en Algérie, donner du travail aux bras inoccupés ; pourvoir à la vieillesse des travailleurs par des institutions de prévoyance ; introduire dans nos lois industrielles les améliorations qui tendent, non à ruiner le riche au profit du pauvre, mais à fonder le bien-être de chacun sur la prospérité de tous ;

Restreindre dans de justes limites le nombre des emplois qui dépendent du pouvoir, et qui souvent font d'un peuple libre un peuple de solliciteurs ;

Éviter cette tendance funeste qui entraîne l'État à exécuter lui-même ce que les particuliers peuvent faire aussi bien et mieux que lui. La centralisation des intérêts et des entreprises est dans la nature du despotisme. La nature de la République repousse le monopole.

Enfin, préserver la liberté de la presse des deux excès qui la compromettent toujours : l'arbitraire et sa propre licence.

Avec la guerre, point de soulagement à nos maux. La paix serait donc le plus cher de mes désirs. La France, lors de sa première révolution, a été guerrière, parce qu'on l'avait forcée de l'être. A l'invasion, elle répondit par la conquête. Aujourd'hui qu'elle n'est pas provoquée, elle peut consacrer ses ressources aux améliorations pacifiques, sans renoncer à une politique loyale et résolue. Une grande nation doit se taire, ou ne jamais parler en vain.

Songer à la dignité nationale, c'est songer à l'armée, dont le patriotisme si noble et si désintéressé a été souvent méconnu. Il faut, tout en maintenant les lois fondamentales qui font la force de notre organisation militaire, alléger et non aggraver le fardeau de la conscription. Il faut veiller au présent et à l'avenir non-seulement des officiers, mais aussi des sous-officiers et des soldats, et préparer aux hommes qui ont servi longtemps sous les drapeaux une existence assurée.

La République doit être généreuse et avoir foi dans son avenir ; aussi, moi qui ait connu l'exil et la captivité, j'appelle de tous mes vœux le jour où la patrie pourra sans danger faire cesser toutes les proscriptions et effacer les dernières traces de nos discordes civiles.

Telles sont, mes chers concitoyens, les idées que j'apporterais dans l'exercice du pouvoir, si vous m'appeliez à la présidence de la République.

La tâche est difficile, la mission immense, je le sais ! Mais je ne désespérerais pas de l'accomplir en conviant à l'œuvre, sans distinction de parti, les hommes que recommandent à l'opinion publique leur haute intelligence et leur probité.

D'ailleurs, quand on a l'honneur d'être à la tête du peuple français, il y a un moyen infaillible de faire le bien, c'est de le vouloir.

LOUIS-NAPOLÉON BONAPARTE.

Les déclamations ridicules, les acusa-
tions puériles des ennemis de Louis-Napoléon étaient bien pâles en regard de
cette profession de foi où la simplicité an-
tique se trouve réunie à la justesse des vues,
à la noblesse des sentiments et au plus pur
patriotisme; elle acheva d'éclairer les plus
aveugles, et l'enthousiasme qu'avait fait
naître ce nom magique augmenta encore;
mais nulle part l'ordre ne fut troublé; on
comprenait que de cette presque unanimité
de sentiments devaient promptement naître le crédit, la confiance, le travail et l'aisance; la France se trouvait dans une sorte
de convalescence; la fièvre avait cessé; encore quelque jours et elle allait se retrou-
ver dans son état normal.

Le 10 décembre le scrutin fut ouvert en
même temps dans les quatre-vingt-six départements; ce fut un magnifique spectacle
que celui de ces nombreuses populations se
dirigeant vers l'urne électorale aux cris de

Vive Napoléon ! Dans un grand nombre de localités les habitants des communes marchaient processionnellement, maires et adjoints en tête, précédés de drapeaux portant sur leurs immortelles couleurs le nom de *Napoléon*. Des chants natoinaux se font entendre de toutes parts ; il semble que le jour de là délivrance soit arrivé. Pourtant il ne l'est pas encore ; mais il ne peut tarder à luire. Trente-six heures s'écoulent, et près de six millions de citoyens dans toute leur force et leur liberté ont appelé le neveu de l'Empereur à l'honneur de gouverner la France ; ce n'est pas un succès, c'est un triomphe.

Enfin nous touchons au dénouement de ce grand drame : le 20 décembre, à l'ouverture de la séance de l'Assemblée nationale, M. Waldeck-Rousseau, rapporteur de la commission chargée de vérifier les procès-verbaux de l'élection du président de la République, monte à la tribune ; presque au même instant M. Louis-Napoléon entre dans la salle : il porte un habit noir, les insignes de représentant et la plaque du grand cordon de la Légion-d'Honneur. M. Rousseau, après un préambule plein de convenance et de dignité, annonce que les suffrages pour l'élection à la présidence se sont ainsi répartis :

7 millions 326,345 citoyens ont pris part au suffrage.

MM. Louis-Napoléon Bonaparte a obtenu 5,434,226 voix ; le général Cavaignac 1,448,107 ; Ledru-Rollin 368,119 ; Raspail 36,225 ; Lamartine 17,910 ; Changarnier, 4,890; voix perdues 12,600,

M. Cavaignac monte à la tribune, il annonce que les ministres ont déposé entre ses mains leur démission collective, et qu'il vient lui-même déposer au sein de l'Assemblée les pouvoirs qui lui ont été confiés.

Le président de l'Assemblée met aux

voix les conclusions de la commission ten-
dant à proclamer Louis-Napoléon Bonaparte
président de la République; ces conclusions
étant adoptées à la presque unanimité, le président se lève et dit d'une voix solennelle.

« Au nom du peuple français,

« Attendu que le citoyen Charles-Louis-
Napoléon Bonaparte remplit les conditions
de l'art. 4 de la Constitution, ainsi que
celles exigées par les articles 47 et 48 de la
même constitution ;

« Attendu qu'il a réuni la majorité absolue des suffrages exprimés ;

« Attendu qu'en vertu des articles de la
Constitution relatifs à la nomination du
président, il réunit toutes les conditions
voulues pour être reconnu président de la
République française jusqu'au 1er mai
1852.

« J'invite donc le citoyen Charles-Louis-
Napoléon Bonaparte à monter à la tribune
pour y prêter serment. »

M. Louis-Napoléon monte à la tribune.

M. Marrast lit la formule du serment :

« En présence de Dieu et devant le peuple français, représenté par l'Assemblée nationale, je jure de rester fidèle à la République démocratique, et de défendre la Constitution ! »

M. Louis-Napoléon d'une voix forte : Je le jure.

M. le Président. Citoyen Louis-Napoléon, vous avez la parole.

Le président de la République prononce alors le discours suivant :

« Citoyens représentants,

« Les suffrages de la nation et le serment que je viens de prêter dictent ma conduite future. Dévoué à la République et à la Constitution, je verrais des ennemis dans tous ceux qui tenteraient de changer ce que le peuple français à établi.

« Vous le comprenez, citoyens représentants, entre vous et moi, il ne peut y avoir de dissentiment sérieux. En recevant le pouvoir de vos mains et au nom du peuple français, vous comprenez que mon plus grand désir doit être, avant tout, de travailler à la consolidation de la République et de faire triompher les principes d'ordre et de sécurité qui doivent en être les bases.

« Avec la paix et l'ordre, j'en ai la ferme conviction, nous conjurerons tous les dangers qui peuvent menacer l'édifice que vous avez si courageusement élevé. Les hommes que j'ai appelés à former la nouvelle administration ont été choisis par moi parmi les plus capables, et je suis bien persuadé que, bien qu'ils pussent être de différentes opinions, leur plus ferme désir est de travailler officiellement au bonheur de la nation.

Avant de terminer, citoyens représentants je dois remercier le pouvoir qui sort. Plus que tout autre, j'ai à le féliciter de son dévouement et des sympathies nombreuses qu'il a rencontrées parmi vous. (Très bien!)

En particulier, je dois surtout dire au général Cavaignac que sa conduite digne et ferme a été au-dessus de tout éloge, et que c'est avec orgueil que je reçois le pouvoir de ses mains.

En descendant de la tribune, laissez-moi croire, citoyens représentants, que votre concours me sera acquis, et qu'avec lui nous fonderons un gouvernement juste et ferme qui, sans être réactionnaire ni utopique, assurera l'avenir de la République (Très bien!), et que si nous ne pouvons faire de grandes choses, au moins par nos loyales intentions et notre conduite nous ferons le bien et bonheur du peuple qui nous a nommés. »

En descendant de la tribune, le président de la République s'avance vers le général Cavaignac et lui serre cordialement la main. En ce moment, le canon des Invalides annonce la prestation du serment, puis un roulement de tambours donne le signal de la sortie du nouveau président.

La garde nationale formait deux haies de la salle des Séances jusqu'à la salle de paix. Voici l'ordre dans lequel est sorti le cortége :

Les huissiers de l'Assemblée ; le chef des huissiers ; les messagers d'État ; les questeurs ; deux secrétaires ; deux vice-présidents ;

Louis–Napoléon Bonaparte, président de la République.

La garde nationale et la troupe de ligne qui faisaient la haie ont rendu les honneurs sur son passage au nouveau président, et les tambours battaient aux champs.

Un grand nombre de représentants l'ont accompagné jusqu'à la voiture qui l'attendait devant la grille du Palais. M. le général Lebreton et M. Lacrosse sont montés à côté du président. Des voitures étaient réservées pour les autres membres du bureau de l'Assemblée, qui l'ont accompagné jusqu'au palais de l'Élysée national.

C'est ainsi qu'après dix mois d'épouvantables tempêtes, le vaisseau est entré dans le port. Puisse le nouveau pilote appelé à le conduire, justifier bientôt les espérances qu'il a fait naître.

Droits et devoirs du Président.

La souveraineté du peuple, qui n'a été pendant si longtemps qu'un paradoxe ou une déception, est aujourd'hui une vérité. Un des actes les plus importants de cette souveraineté est la nomination du président. Le peuple, par cet acte, délègue une partie de sa toute-puissance à celui qu'il choisit pour diriger les affaires de l'État; mais en déléguant une partie de ses droits, il ne les aliène pas. C'est au nom du peuple que le président exerce les droits qui lui sont délégués et qui sont ainsi déterminés par la constitution :

Art. 43. Le peuple français délègue le pouvoir exécutif à un citoyen qui reçoit le titre de président de la République.

Art. 44. Le président doit être né Français, être âgé de trente ans au moins, et n'avoir jamais perdu la qualité de Français.

Art. 45. Le président de la République est élu pour quatre ans, et n'est rééligible qu'après un intervalle de quatre années.

Ne pourront non plus être élus après lui, dans le même intervalle, ni le vice-président, ni aucun des parents et alliés du président jusqu'au sixième degré inclusivement.

Art. 46. L'élection a lieu de plein droit le deuxième dimanche du mois de mai.

Dans le cas où, par suite de décès, de démission ou de toute autre cause, le président serait élu à une autre époque, ses pouvoirs expireront le deuxième dimanche du mois de mai de la quatrième année qui suivra son élection.

Le président est nommé au scrutin secret, et à la majorité absolue des votants, par le suffrage direct de tous les électeurs des départements français et de l'Algérie.

Art. 47. Les procès-verbaux des élections sont transmis immédiatement à l'Assemblée nationale, qui statue sans délai sur la validité de l'élection et proclame le président de la République.

Si aucun candidat n'a obtenu plus de la moitié des suffrages exprimés, ou au moins deux millions de voix, ou si les conditions exigées par l'article 44 ne sont pas remplies, l'Assemblée nationale élit le président de la République, à la majorité absolue et au scrutin secret, parmi les cinq candidats éligibles qui ont obtenu le plus de voix.

Art. 48. Avant d'entrer en fonctions,

le président de la République prête, au sein de l'Assemblée nationale, le serment dont la teneur suit :

« En présence de Dieu et devant le peu-
« ple français représenté par l'Assemblée
« nationale, je jure de rester fidèle à la
« République démocratique, une et indivi-
« sible, et de remplir tous les devoirs que
« m'impose la Constitution. »

Art. 49. Il a le droit de faire présenter des projets de loi à l'Assemblée nationale par les ministres.

Il surveille et assure l'exécution des lois.

Art. 50. Il dispose de la force armée, sans pouvoir jamais la commander en personne.

Art. 51. Il ne peut céder aucune portion du territoire, ni dissoudre l'Assemblée nationale, ni la proroger, ni suspendre, en aucune manière, l'empire de la constitution et des lois.

Art. 52. Il présente, chaque année, par

un message à l'Assemblée nationale, l'exposé de l'état général des affaires de la République.

Art. 53. Il négocie et ratifie les traités.

Aucun traité n'est définitif qu'après avoir été approuvé par l'Assemblée nationale.

Art. 54. Il veille à la défense de l'État, mais il ne peut entreprendre aucune guerre sans le consentement de l'Assemblée nationale.

Art. 55. Il a le droit de faire grâce; mais il ne peut exercer ce droit qu'après avoir pris l'avis du conseil d'État.

Les amnisties ne peuvent être accordées que par une loi.

Le président de la République, les ministres et toutes autres personnes condamnées par la haute cour ne peuvent être graciées que par l'Assemblée nationale.

Art. 56. Le président de la République

promulgue les lois au nom du peuple français.

Art. 57. Les lois d'urgence sont promulguées dans le délai de trois jours, et les autres lois dans le délai d'un mois, à partir du jour où elles auront été adoptées par l'Assemblée nationale.

Art. 58. Dans le délai fixé pour la promulgation, le président de la République peut, par un message motivé, demander une nouvelle délibération.

L'Assemblée délibère ; sa résolution devient définitive ; elle est transmise au président de la République.

En ce cas, la promulgation a lieu dans les délais fixés pour les lois d'urgence.

Art. 59, A défaut de promulgation par le président de la République dans les délais déterminés par les articles précédents, il y serait pourvu par le président de l'Assemblée nationale.

Art. 60. Les envoyés et les ambassa-

deurs des puissances étrangères sont accré-
dités auprès du président de la République.

Art. 61. Il préside aux solennités nationales.

Art. 62. Il est logé aux frais de la République, et reçoit un traitement de six cent
mille francs par an.

Art. 63. Il réside au lieu où siége l'Assemblée nationale, et ne peut sortir du territoire continental de la République sans y
être autorisé par une loi.

Art. 64. Le président de la République
nomme et révoque les ministres.

Il nomme et révoque, en conseil des ministres, les agents diplomatiques, les com-
mandants en chef des armées de terre et de
mer, les préfets, le commandant supérieur
des gardes nationales de la Seine, les gou-
verneurs de l'Algérie et des colonies, les
procureurs-généraux et autres fonction-
naires d'un ordre supérieur.

Il nomme et révoque, sur la proposition

du ministère compétent, dans les conditions réglementaires déterminées par la loi, les agents secondaires du gouvernement.

Art. 65. Il a le droit de suspendre, pour un terme qui ne pourra excéder trois mois, les agents du pouvoir exécutif élus par les citoyens.

Il ne peut les révoquer que de l'avis du conseil d'État.

La loi détermine les cas où les agents révoqués peuvent être déclarés inéligibles aux mêmes fonctions.

Cette déclaration d'inéligibilité ne pourra être prononcée que par un jugement.

Art. 66. Le nombre des ministres et leurs attributions sont fixés par le pouvoir législatif.

Art. 67. Les actes du président de la République, autres que ceux par lesquels il nomme ou révoque les ministres, n'ont d'effet que s'ils sont contre-signés par un ministre.

Art. 68. Le président de la République, les ministres, les agents et dépositaires de l'autorité publique sont responsables, chacun en ce qui le concerne, de tous les actes du gouvernement et de l'administration.

Toute mesure par laquelle le président de la République dissout l'Assemblée nationale, la proroge, ou met obstacle à l'exercice de son mandat, est un crime de haute trahison.

Par ce fait, le président est déchu de ses fonctions; les citoyens sont tenus de lui refuser obéissance; le pouvoir exécutif passe de plein droit à l'Assemblée nationale; les juges de la haute cour de justice se réunissent immédiatement à peine de forfaiture; ils convoquent les jurés dans le lieu qu'ils désignent, pour procéder au jugement du président et de ses complices; ils nomment eux-mêmes les magistrats chargés de remplir les fonctions de ministère public.

Une loi déterminera les autres cas de

4

responsabilité, ainsi que les formes et les conditions de la poursuite.

Art. 69. Les ministres ont entrée dans le sein de l'Assemblée nationale ; ils sont entendus toutes les fois qu'ils le demandent, et peuvent se faire assister par des commissaires nommés par un décret du président de la République.

Art. 70. Il y a un vice-président de la République nommé par l'Assemblée nationale sur la présentation de trois candidats faite par le président, dans le mois qui suit son élection.

Le vice-président ne pourra être choisi parmi les parents et alliés du président, jusqu'au sixième degré inclusivement.

En cas d'empêchement du président, le vice-président le remplace.

Le vice-président est soumis au même serment que le président.

Si la présidence devient vacante par décès, démission du président ou autrement, il est procédé dans le mois à l'élection du président.

Si les droits du président de la République sont étendus, ses devoirs ne le sont pas moins; car il ne s'agit pas de changer seulement les hommes et le nom des choses comme on l'a fait jusqu'à présent; il faut enfin sortir de l'ornière, attaquer les abus de front; il faut créer, organiser. M. Louis-Napoléon écrivait en 1843 :

« Je ne défends pas systématiquement toutes les institutions de l'Empire, ni toutes les actions de l'Empereur, je les explique. Je regrette la création d'une noblesse qui, dès le lendemain de la chute de son chef, a oublié son origine plébéienne pour faire cause commune avec les oppresseurs; je regrette certains actes de violence inutiles au maintien d'un pouvoir fondé sur la volonté du peuple; mais ce que je prétends, c'est que de tous les gouvernements qui précédèrent ou qui suivirent le Consulat et l'Empire, aucun ne fit, même pendant la paix, pour la prospérité de la France, la millième partie de ce que créa l'Empereur pendant la guerre. »

Qu'il n'oublie jamais ces lignes sorties de sa plume, alors qu'il était sous les verroux, et qu'il se hâte d'imiter en cela le grand homme dont il porte le nom, et qui, avec un budget de sept cents millions trouvait le moyen de répandre partout la prospérité. Il faut se hâter de se mettre à l'œuvre; car la tâche est grande.

Notre armée est trop nombreuse, c'est une cause de ruine : il faut la réduire et s'abstenir de fatiguer les soldats par un service inutile.

D'immenses réformes doivent être introduites dans l'ordre judiciaire : la constitution porte que la justice se rend *gratuitement*; c'est une amère dérision. Sans doute les plaideurs ne paient pas les juges; mais les frais de procédure sont monstrueux;

il faut ici trancher dans le vif afin que les Français soient réellement égaux devant la loi, car jusqu'à ce jour, cette prétendue égalité n'a existé que de nom : le pauvre qui ne peut payer un huissier, un avoué, un avocat, n'est pas l'égal du riche qui peut payer tout cela, et il faut qu'il le soit ; le riche a tous les moyens de se faire rendre prompte justice ; le pauvre n'en a aucun.

Il ne suffit pas de diminuer les traitements des membres de l'autorité judiciaire, il faut obliger ces membres à gagner l'argent qu'ils reçoivent. N'est-ce pas un scandale que ces audiences ouvertes à midi et levées deux heures après? Et ces remises interminables, et ces vacances multipliées? Le peuple n'a point de vacances ; pourquoi les hommes qu'il paie pour le servir en auraient-ils?

Au criminel, l'instruction des affaires se fait de la manière la plus déplorable : n'est-il pas monstrueux qu'un homme arrêté

4*

pour un fait quelconque, alors qu'on a sous la main les témoins de ce fait et tous les éléments possibles d'instruction, que cet homme, disons-nous, attende six mois, un an, quelquefois davantage, qu'il plaise au parquet de l'envoyer devant ses juges?

Les abus ne sont pas moins grands dans l'ordre administratif; il faut simplifier les rouages et se hâter de réformer cette innombrable armée de gratteurs de papier qui consomment sans produire..... Et la vénalité des officiers? et les sinécures? et les missions plus ou moins extraordinaires? Tranchez! tranchez dans le vif! coupez le mal à sa racine.

Ce n'est là qu'un mince aperçu des réformes à opérer; il faudrait des volumes entiers pour énumérer tous les abus qu'il appartient au président de la République de détruire. D'autres devoirs non moins impérieux sont encore imposés à l'élu du peuple, et voici à ce sujet quelques lignes

d'un homme éminent qui paraissent devoir
être méditées.

« Deux principes rivaux sont en présence :

Le principe de l'élection populaire ;

Le principe de l'hérédité monarchique.

Toutes les fautes qui nuiront au premier profiteront au second.

C'est ce qu'il importe que le président
de la République n'oublie pas un seul
instant.

A la hauteur où vient de le placer le
suffrage universl, la prudence lui conseille
toutes les mesures qui auront pour résultat
de prouver que son caractère et son esprit
ne sont pas au-dessous d'une si haute position.....

Qu'il ne se laisse pas circonvenir par
les objections.

La médiocrité conçoit aussi difficile-
ment la générosité que la peur a de peine
à comprendre la gloire.

On commence par blâmer la générosité; on finit par l'approuver.

Les deux premières lois présentées par les ministres qu'il choisira devront être :

Premièrement, une loi d'amnistie pleine et entière accordée à tous les détenus et condamnés pour cause politique, exceptant uniquement ceux d'entre eux qui auraient encouru une condamnation pour des faits non susceptibles de cette qualification ;

Deuxièment, une loi d'abrogation de la loi et du décret qui bannissent les deux branches de la maison de Bourbon.

Qu'il ne choisisse que des ministres qui n'hésiteront pas à prendre cet engagement ; s'ils hésitaient, ce seraient des esprits étroits à qui le passé n'aurait pas encore appris à épeler l'avenir.

C'est précisément parce que la famille de l'Empereur a été proscrite deux fois en 1816 et en 1832, que l'héritier de son nom doit avoir hâte de montrer qu'il se

propose de suivre des errements tout diffé-
rents.

Par ees deux lois, présentées le même
jour, il élargit le terrain politique; il abaisse
les barrières; il déconcerte les partis; il
désarme les factions; il rapetisse ceux qui
l'ont précédé; il deshérite ceux qui aspire-
raient à le remplacer; ne pas leur laisser à
faire la seule bonne mesure qu'il puisse accomplir, est un moyen certain de les con-
damner à l'impuissance de nuire.

Le vice-amiral de Joinville est allé à
Sainte-Hélène chercher les restes mortels
de l'Empereur et les a pieusement rapportés
en France.

Ce serait juste et bien de l'appeler à
présider le conseil d'amirauté.

Le général de division d'Aumale aurait
pu essayer de se défendre à Alger; il ne l'a
pas tenté, et sa conduite a été admirable.

Ce serait juste et bien de lui confier de

nouveau le gouvernement général de l'Algérie.

Ils accepteraient ou ils n'accepteraient pas ; ce serait leur affaire, et non celle du président qui les aurait spontanément nommés.

Ce n'est que par un manquement de foi qu'Abd-el-Kader est retenu captif ; exécution loyale du traité, avec engagement, dans les termes les plus solennels de sa part, de ne jamais retourner en Algérie et de ne jamais porter les armes contre la France. Ce serait un exemple à donner aux peuples et aux gouvernements ! Ce serait une protestation contre la captivité de Sainte-Hélène ! Ce serait une leçon donnée par la France à l'Angleterre !

La France, qui sait gré des grandes et nobles actions faites en son nom, la France applaudirait à tous ces actes, qui seraient autant de témoignages qu'elle ne s'est pas trompée dans le choix de son président.

L'Europe, étonnée, admirerait.

Ce serait l'occasion d'écrire quatre lettres dont l'histoire conserverait le souvenir :

Lettre au comte de Chambord ;

Lettre à l'ex-roi Louis-Philippe ;

Lettre au vice-amiral de Joinville ;

Lettre au général de division d'Aumale.

En sortant ainsi de l'ornière des partis, l'Élu de la majorité acquerrait le droit de sommer leurs chefs de lui prêter leur concours pour remettre à flot le vaisseau de la France, si misérablement jeté à la côte par la tempête de février.

En leur parlant publiquement un langage qui aurait le cœur du peuple pour écho, aucun ne pourrait, aucun n'oserait refuser.

Nous ne disons pas que tous ces conseils et beaucoup d'autres donnés par le même écrivain soient également bons à suivre ; mais nous pensons qu'ils peuvent être médités avec fruit par l'homme qui a écrit :

Il y a urgence aujourd'hui à consti-
tuer d'une manière inébranlable le nouveau
système ; et comme chaque pays a son
caractère particulier, son allure distincte,
il faut que toutes les lois aussi portent gra-
vées sur leur front le cachet national. Les
institutions, en France, doivent être marquées au coin démocratique, de même
qu'en Angleterre toutes les institutions,
grandes ou petites, sont marquées au coin
aristocratique. Il faut que l'étranger, en
touchant sur le sol de notre patrie, ne
puisse pas se méprendre sur la nature du
peuple chez lequel-il se trouve. Il faut qu'il
reconnaisse qu'il est dans le pays le plus
civilisé de l'Europe, en voyant 35 millions
d'hommes que la loi enrôle, que l'égalité
ennoblit, que le mérite seul distingue,
marcher d'un même pas vers la liberté ; en
voyant un gouvernement, fort de l'assenti-
ment des masses, s'élancer hardiment vers
l'avenir, et, loin de s'acharner à déblayer

une mine épuisée par le temps, mettre tous ses soins à exploiter les couches les plus fécondes de la nature morale et physique, les nobles instincts d'un grand peuple et les immenses ressources d'un grand empire (1). »

(1) Lettre écrite par Louis-Napoléon en 1843.

Passé, Présent et Avenir du Président de la République.

ANECDOTES.

En présence de l'énorme majorité qui a porté M. Louis-Napoléon à la présidence de la République, il n'est pas sans intérêt de rappeler les chiffres des votes qui portèrent successivement Napoléon au consulat décennal, au consulat à vie et à l'empire. En voici le relevé :

VOTE SUR LE CONSULAT (AN VIII).

Votants	3,012,569
Acceptants	3,011,008
Refusants	1,662

CONSULAT A VIE (AN IX).

Votants	5,577,259
Acceptants	5,568,888
Refusants	8,571

EMPIRE HÉRÉDITAIRE (1804).

Votants 3,524,244
Acceptants. 3,521,675
Refusants 2,579

On le voit, l'élection du 10 décembre 1848 est plus splendide encore que les trois précédentes.

———

Le conseil général de la Corse ayant émis à l'unanimité, dans la session de 1843, le vœu que la famille de Napoléon fût rappelée de l'exil, et que Louis-Napoléon fût rendu à la liberté et à la jouissance de ses droits de citoyen français, le journal *le Loiret* s'occupa à cette occasion du prisonnier de Ham, et lui demanda à quel titre il rentrerait dans la grande famille française, si les portes de sa prison venaient à s'ouvrir et si le gouvernement mettait fin à l'exil dont sa famille était frappée.

Louis-Napoléon adressa aussitôt à ce

journal la réponse suivante qui fut alors publiée par plusieurs journaux.

Fort de Ham, le 28 octobre 1843.

A Monsieur le rédacteur en chef du journal le Loiret.

MONSIEUR,

« Je réponds sans hésitation à l'inter-pellation bienveillante que vous m'adressez dans votre numéro du 18.

« Jamais je n'ai cru et jamais je ne croirai que la France soit l'apanage d'un homme ou d'une famille ; jamais je n'ai invoqué d'autres droits que ceux de citoyen français, et JAMAIS JE N'AURAI D'AUTRE DÉSIR QUE DE VOIR LE PEUPLE ENTIER, LÉGALEMENT CONVOQUÉ, CHOISIR LIBREMENT LA FORME DE GOUVERNEMENT QUI LUI CONVIENDRA.

« Issu d'une famille qui a dû son élévation aux suffrages de la nation, je mentirais à mon origine, à ma nature, et, qui plus est, au sens commun, si je n'admettais pas la souveraineté du peuple comme la base fondamentale de toute organisation politique. Mes actions et mes paroles antérieures sont d'accord avec cette opinion. Si on ne m'a pas compris, c'est qu'on n'explique pas les défaites: on les condamne.

« J'ai réclamé, il est vrai, une première place, mais sur la brèche. J'avais une grande ambition, mais elle était hautement avouable : l'ambition de réunir autour de mon nom plébéien tous les partisans de la souveraineté nationale, tous ceux qui voulaient la gloire et la liberté.

« Est-ce à l'opinion démocratique à m'en vouloir? Est-ce à la France à m'en punir?

« Quel que soit le sort que l'avenir me réserve, on ne dira jamais de moi que, pendant l'exil ou la captivité, *je n'ai rien appris ni rien oublié!*

« Recevez, Monsieur, l'assurance de mes sentiments d'estime et de sympathie.

« LOUIS-NAPOLÉON BONAPARTE. »

Après la publication de l'ouvrage de Louis-Napoléon sur le paupérisme, un grand nombre d'ouvriers se réunirent et lui adressèrent, par l'intermédiaire de M. Castille, imprimeur, un des compagnons des courageux sergents de la Rochelle, une lettre touchante dans laquelle il remerciait le prisonnier de Ham de penser à eux dans son malheur.

La réponse de Louis-Napoléon ne se fit pas attendre.

Fort de Ham, le 14 octobre 1844.

« *A Monsieur Castille, imprimeur.*

« Monsieur,

« J'ai été bien touché de la lettre que vous m'avez adressée au nom de plusieurs

personnes de la classe ouvrière, et je suis
heureux de penser que quelques-uns de
mes concitoyens rendent justice au patriotisme de mes intentions. Un témoignage
de sympathie de la part d'hommes du peuple me semble cent fois plus précieux que
ces flatteries officielles que prodiguent aux
puissants les soutiens de tous les régimes;
aussi m'efforcerai-je toujours de mériter
les éloges et de travailler dans les intérêts
de cette immense majorité du peuple français, qui n'a aujourd'hui ni droits politi-
ques, ni bien-être assurés, quoiqu'elle soit
la source reconnue de tous les droits et de
toutes les richesses.

« Compagnon des malheureux sergents
de la Rochelle, vous devez facilement comprendre quelles sont mes opinions et quels
sont mes sentiments, puisque vous avez
souffert pour la même cause que moi ; aussi
est-ce avec plaisir que je vous prie d'être,
auprès des signataires de la lettre que vous

m'avez adressée, l'interprète de mes sentiments de reconnaissance.

« Recevez, Monsieur, l'assurance de mon
estime et de ma sympathie.

« LOUIS-NAPOLÉON BONAPARTE. »

En 1832, M. de Chateaubriand écrivit
la lettre suivante à Louis-Napoléon, qui lui
avait envoyé une brochure dont il est
l'auteur :

« Prince, j'ai lu avec attention la petite
brochure que vous avez bien voulu me
confier ; j'ai 'mis par écrit, comme vous
l'avez désiré, quelques réflexions naturellement nées des vôtres et que j'avais déjà
soumises à votre jugement.

« Vous savez, prince, que mon jeune
roi est en Ecosse, et que tant qu'il vivra
il ne peut y avoir pour moi d'autre roi de
France que lui. Mais si Dieu dans ses im-
pénétrables desseins, avait rejeté la race de

saint Louis, si notre patrie devait revenir sur une élection qu'elle n'a pas sanc-
tionnée, et si ses mœurs ne lui rendaient
pas l'état républicain possible, alors,
prince, il n'y a pas de nom qui aille mieux
à la gloire de la France que le vôtre.

« Je garderai un profond souvenir de
votre hospitalité et du gracieux accueil de
madame la duchesse de Saint-Leu. Je vous
prie de mettre à ses pieds l'hommage de
ma reconnaissance et de mon respect.

« Je suis, avec une haute considération,
prince, votre très humble et très obéissant
serviteur.

« CHATEAUBRIAND. »

—

Des bruits singuliers et contradictoires
circulaient depuis l'élection du Président;
on parlait d'une manifestation bonapartiste
ayant pour but la proclamation de l'empire; quelques meneurs avaient fait retentir

dans les rues de Paris le cri de : *Vive l'empereur !* D'un autre côté, les montagnards et les socialistes, autrement la république rouge, faisaient, disait-on, des préparatifs pour faire respecter le principe républicain.

Tous les bons esprits étaient persuadés que ces tentatives, en supposant qu'elles eussent lieu, n'auraient aucun résultat, sinon de démontrer que la République sage et honnête est seule désormais possible en France, et ils s'appuyaient avec raison sur ce passage du discours prononcé par le représentant de la République immédiatement après son élection : « Je verrai des ennemis de la patrie dans tous ceux qui tenteraient de changer, par des voies illégales, ce que la France entière a établi. » Afin de dissiper ces nuages, le Président voulait se montrer au peuple et à l'armée tel qu'il est, tel qu'il veut être, et une grande revue fut annoncée pour le dimanche 24 décembre.

Tous les bons citoyens attendaient cette journée avec impatience. Plusieurs craignaient qu'elle ne vît naître parmi les corps armés qu'on passerait en revue, ou au sein de la population spectatrice, quelque émotion soudaine, quelque enthousiasme dangereux, quelque bruyant conflit, source de difficultés et de périls pour le nouveau gouvernement et pour la France. D'autres au contraire, en plus grand nombre, espéraient que le sentiment de l'ordre et le respect de la loi se manifesteraient avec éclat dans les rangs de la garde nationale, de l'armée, du peuple de Paris assemblé, et que la paix publique et le pouvoir seraient également fortifiés par cette épreuve. Hâtons-nous de le dire, ces espérances ont été justifiées et dépassées. La cause de l'ordre vient d'acquérir une force nouvelle, par l'attitude, le calme et l'union de tous ses défenseurs, réunis autour du pouvoir nouveau que s'est choisi la France. Lorsqu'un silence respectueux pour l'autorité publique a été interrompu par des cris, ces cris n'ont été qu'un signe éclatant d'adhésion au Président, au vote national dont il est l'élu, à la loi qu'il représente, à la Constitution qui l'a fait notre premier magistrat. Paris tout entier, d'accord avec toute la France, ne veut point évidemment se jeter dans de nouvelles aventures; Paris veut restaurer pleinement la sécurité, la confiance, en maintenant fortement la paix intérieure, l'obéissance due aux pouvoirs réguliers, le salutaire respect de la légalité constitutionnelle. Tel est le sens de cette journée.

Ce matin, avant le jour, de tous les points des environs de Paris, arrivaient les troupes et les gardes nationales; en même temps, les légions de Paris se réunissaient sur les points qui leur avaient été assignés, ainsi que la garde mobile et les régiments de la garnison.

Vers dix heures du matin, le Président

de la République est sorti du palais de l'É-
lysée, où le ministre de la guerre est venu
le prendre à la tête d'un nombreux état-
major. Le Président portait l'uniforme de
colonel de la garde nationale, avec la cein-
ture tricolore et le grand cordon de la Légion-d'Honneur. Monté sur un cheval ale-
zan brûlé qu'il manœuvrait avec aisance,
il a tenu presque constamment à la main,
pendant la revue, son chapeau, orné d'une
aigrette et de plumes tricolores.

Un fort piquet de cavalerie marchait en
tête du cortége, qui s'est dirigé d'abord
par l'avenue de Marigny, vers les Champs-
Élysées, où stationnaient les gardes nationales de la banlieue au nord, et la troupe
de ligne au midi. Puis il est revenu vers
la place de la Concorde, qui avait été main-
tenue à peu près libre; il a suivi la rue
Nationale, le boulevard de la Madeleine,
la rue de la Paix, la place Vendôme, la
rue de Castiglione, la rue de Rivoli, où

étaient échelonnées les 1re, 2e, 3e et 4e
légions de la garde nationale de Paris;
entrant ensuite par la grille du Pont-Tour-
nant dans les Tuileries, il y a trouvé les 5e,
6e et 7e légions rangées dans la grande
allée et dans l'allée des Feuillants. Enfin,
après avoir parcouru le front des légions
rangées à gauche sur le quai des Tuileries,
il est revenu sur ses pas, et il passé en revue l'artillerie et la légion de cavalerie.

La revue terminée, le président est venu
se placer à l'entrée des Champs-Élysées, un
peu en avant des chevaux de Marly; il avait
près de lui le ministre de la guerre, le général Changarnier qui dirigeait le mouvement
des troupes, et un nombreux état-major.
Chacun remarquait avec plaisir, disons-le
en passant, le parfait accord, la cordialité
évidente qui régnaient entre le ministre de
la guerre, l'honorable général Rulhière,
si estimé de l'armée entière et du pays pour
ses talents, sa bravoure et ses services, et le

général Changarnier entre les mains duquel
le ministre a voulu concentrer le commandement des troupes et de la garde nationale,
pour mieux assurer le repos public. Les
instigateurs de divisions ne réussiront pas
à semér la discorde entre ces deux compagnons d'armes.

Pendant toute la revue, qui a duré environ deux heures, le président a été accueilli
par les acclamations de la garde nationale
et de la population pressée aux fenêtres
et derrière les lignes de la troupe citoyenne.
Sur plusieurs points, la haie n'était pas
entièrement bordée des deux côtés; des ouvriers en blouse- se sont précipités dans le
cortége, qu'ils suivaient en se mêlant aux
cavaliers; le président a plusieurs fois serré
les mains qui lui étaient tendues.

Il était midi environ, lorsque le défilé a
commencé. Le temps qui jusque-là avait été
un peu nébuleux, s'est tout à fait éclairci, et
le soleil n'a cessé de luire jusqu'à la fin de

cette fête militaire et civique. La tempéra-
ture, assez froide le matin, s'était aussi sin-
gulièrement adoucie.

Le défilé a commencé par l'artillerie de
la garde nationale ; puis est venue la garde
nationale de la banlieue, très nombreuse, et
dans les rangs de laquelle on remarquait
beaucoup de femmes et d'enfants. La garde
nationale de Paris marchait ensuite, et
enfin la garde nationale à cheval de la
banlieue et celle de Paris. Pendant le défilé, les cris se renouvelaient d'intervalle
en intervalle ; mais, nous le répétons,
ceux qui gardaient le silence, et ceux qui
poussaient des acclamations diverses, s'ac-
cordaient évidemment dans un même
sentiment : le respect de la loi et de la volonté du pays, l'adhésion au nouveau pouvoir qui a besoin du concours de tous les
bons citoyens pour marcher résolument dans
la voie du rétablissement de l'ordre et pour
réparer les maux que la France a soufferts.

Après le défilé de la garde nationale mobile, qui a suivi la garde nationale séden-
taire, est venue la troupe de ligne, ayant en
tête une division des invalides, les aînés de
l'armée. Le brave général Petit commandait la marche, ayant à sa droite l'intendant
militaire et le docteur Caffe, avec les insignes
de leur grade.

Aussitôt le président de la République
s'est détaché de l'état-major général, pour
venir serrer affectueusement la main du
vieux général Petit. « Général, a dit le président, l'empereur vous a embrassé lorsqu'il
a passé sa dernière revue; je suis heureux
de vous serrer la main lorsque je passe ma
première. »

L'affluence des curieux était considérable,
vers deux heures surtout, aux Champs-Élysées, sur les boulevards, autour de cette immense réunion de troupes de toutes sortes.

Le président de la société des gens de
lettres, ayant demandé à Louis-Napoléon
quelques lignes pour un album destiné à
être mis en loterie, le prince lui fit la réponse suivante :

« Monsieur, conformément à votre désir, je vous envoie la pensée suivante :

« L'état des sciences, des arts et des
lettres révèle toujours le caractère d'une
époque. Lorsqu'une société est travaillée
dans un sens opposé au progrès, ces
trois branches des connaissances humaines
languissent au lieu d'avancer ; mais lorsque
la société est dans l'enfantement de grandes
vérités, alors tout se développe pour aider
à cet enfantement, et l'éclat de la politique va de concert avec l'éclat des sciences, des arts et des lettres, qui sont l'âme
du corps social. Lorsqu'une révolution est
dans le vrai, elle produit de grands hommes
et de grandes choses ; lorsqu'elle est dans
le faux, elle ne produit que des larmes.

« Recevez, monsieur, l'assurance de mes sentiments distingués,

« LOUIS-NAPOLÉON BONAPARTE. »

On cite une réponse assez piquante faite à un prélat dont l'esprit et les talents ne sont contestés par personne.

Ce prélat, fort royaliste sous la restauration, non moins dévoué à la dynastie de juillet, doté d'un évêché par la faveur particulière de Marie-Antoinette, enfin rallié, avec un zèle pareil, à la République du *National*, a toujours passé pour pressentir à merveille les événements, et savoir habilement se mettre par avance d'accord avec eux. Il avait chaudement soutenu la candidature de M. Cavaignac. Grand est son désappointement devant le résultat qui se produit.

— Je me suis trompé ! disait-il à quelqu'un.

— C'est la première fois, monseigneur,

Un économiste distingué, membre de l'Assemblée nationale, disait aujourd'hui dans les couloirs :

« Le 24 février a été une *surprise*, mais le scrutin du 10 décembre a été une *reprise.*

—

Le 10 décembre les habitants de Bantouzelles se sont rendus à l'élection, ainsi qu'ils l'avaient annoncé, conduisant avec eux un aigle abattu dans le bois de Vancelles, enfermé dans une cage pompeusement décorée de dorures et de draperies et surmontée d'une sorte de dôme qui n'avait pas moins de quatre mètres de hauteur. Quatre électeurs le portaient sur leur épaules, tandis que les autres lui faisaient cortége. En avant marchaient huit musiciens, jouant tous les airs plus ou moins patriotiques qui leur passaient par la tête. Cet oiseau, devenu une source de prospérité pour son propriétaire, cabaretier à Bantouzelles, est fréquemment visité par les habitants du village et des communes voisines qui lui fournissent abondamment de quoi satisfaire sa voracité. Il n'a pas moins de sept pieds d'envergure. La blessure qu'il a reçue est légère et ne paraît en aucune manière lui avoir ôté l'appétit.

On sait que les populations rurales ont surveillé partout, avec une défiance ombrageuse, les opérations du scrutin ouvert pour la présidence de la République. Dans le canton de Châtillon-sur-Marne, cette défiance, poussée à l'excès, a donné lieu à un événement bien déplorable. A Cuchery, section de ce canton, le sergent qui commandait le poste de la garde nationale, ne voulant pas permettre que le président du bureau emportât le cachet de la commune qui venait de servir à sceller l'urne électorale, l'avait fait garder à vue par un factionnaire. Le lendemain, sur les reproches du président, qui le menaçait de le traduire devant la police correctionnelle comme ayant attenté à la liberté d'un citoyen, le malheureux Moreau, troublé, hors de lui, et croyant avoir le déshonneur en perspective, après une vie sans reproche, se fit sauter la cervelle. En portant ce triste événement à la connaissance d'un de leurs représentants, les habitants invoquaient la générosité de Louis-Napoléon en faveur de la veuve et des cinq enfants que cette catastrophe laisse sans ressources. Les faits ont été mis sous les yeux de Louis—Napoléon, qui s'est empressé d'envoyer, avec l'expression de sa sympathie pour le malheur de cette famille, un secours de mille francs.

Dans la crainte de quelques troubles, l'autorité avait décidé que l'anniversaire de la translation des cendres de l'Empereur aurait lieu à l'église des Invalides à huit heures du matin, au lieu de onze heures.

Malgré cette heure matinale dans une saison aussi avancée, l'église des Invalides était remplie de ces hommes fidèles au culte du grand homme. On y voyait dans un pieux recueillement Jérôme-Napoléon, ex-roi de Westphalie, son fils, la princesse Mathilde, sa fille, les représentants de la Corse, le colonel Dumoulin, MM. Laity et Persigny, amis dévoués de Louis-Napoléon; les colonels Laborde et Maisonnant, le général Pyat et une foule d'autres personnes attachées à la famille de Napoléon.

Le sous-gouverneur des Invalides, le brave général Petit, assistait à l'office divin, accompagné de tout son état-major. Les travées et les bancs de l'église étaient en outre remplis d'invalides, vieux débris de nos gloires.

La décoration de la pieuse cérémonie était des plus modestes; elle se composait d'une petite tenture noire à lames d'argent, ornant l'hôtel du dôme et de la tribune, occupée par le roi Jérôme et sa famille.

Une foule de personnes sont arrivées à onze heures pour assister à la cérémonie funèbre ; elles se sont contentées de jeter une larme et un regard sur ce glorieux tombeau.

La veille au soir, Louis-Napoléon Bonaparte avait été prier au tombeau de son oncle ; il y est resté une heure dans le plus profond recueillement.

. Le futur président de la République est sorti sans bruit, après avoir accompli ce pieux devoir.

—

Une députation du département de la Charente a offert au comité de la rue Montmartre, présidé par M. le général Pyat, un magnifique drapeau sur lequel le portrait de M. Louis-Napoléon Bonaparte est reproduit. Ce drapeau a constamment précédé les populations qui allaient en masse déposer leur vote au cri mille fois répété de : Vive Louis–Napoléon Bonaparte !

—

On assure que M. Victor Hugo, l'ex-pair de France, vicomte, etc., s'est écrié, en apprenant le résultat de l'élection :

« En proclamant Louis–Napoléon, le peuple paie une dette patriotique de reconnaissance à la plus grande gloire des temps modernes. »

—

On sait quelle immense réputation s'était faite la fameuse devineresse, mademoiselle Lenormand, qui, pendant un demi-siècle, a été consultée par les personnages les plus illustres, auxquels elle a fait des prédictions qui se sont presque toutes réalisées. Napoléon lui-même voulut qu'elle lui prédît l'avenir; et plus d'une fois, au milieu des grands et derniers événements de son règne, ses serviteurs intimes l'entendirent prononcer le

6

nom de la célèbre sibylle, accompagné de quelques phrases inachevées qui annonçaient une grande surprise résultant du rapprochement des faits qui s'accomplissaient alors et des paroles de mademoiselle Lenormand qui pouvaient s'y appliquer.

Mais de tous les clients illustres de la sybille, il n'en est pas qui lui donnèrent plus d'occupation que l'impératrice Joséphine; il exista même entre elles une sorte d'intimité. La naissance du prince Charles-Louis-Napoléon Bonaparte, aujourd'hui président de la République, fils de la reine Hortense et petit-fils de l'impératrice Joséphine, était une occasion toute naturelle de consulter la prophétesse; mais Napoléon avait paru mécontent de voir aux Tuileries cette femme qu'il affectait d'appeler dédaigneusement *la diseuse de bonne aventure*, pour mieux dissimuler peut-être sa superstition. Joséphine résolut donc d'aller rue de Tournon, où mademoiselle Lenormand demeura pendant près de cinquante ans. Profitant d'une absence de l'Empereur, qui chassait ce jour-là à Fontainebleau, elle chargea madame Marco de Saint-Hilaire, sa *première dame pour accompagner* et sa confidente, de faire tout préparer pour cette visite. Quelques heures après, et un peu avant la fin du jour, l'impératrice et sa première dame montaient incognito dans une voiture sans armoiries qui se dirigea vers la rue de Tournon.

— L'Empereur se moquerait de moi s'il savait ce que je fais, disait Joséphine à sa confidente ; mais je n'en demeurerais pas moins convaincue que certaines organisations privilégiées sont douées de la seconde vue.

Madame de Saint-Hilaire sourit.

— Madame l'esprit-fort, reprit l'impératrice, écoutez-moi, et vous allez voir que j'ai bien quelque raison de croire aux prédictions. Vous savez que mon enfance s'est écoulée à la Martinique, où je suis née. Un jour je me promenais sur le bord de la mer avec quelques-unes de mes jeunes compagnes, lorsque nous aperçûmes une vieille négresse qui faisait profession de prédire l'avenir.

— Mère Landry, lui cria en riant une de nous, voulez-vous nous dire notre bonne aventure?

— Ah! fit la vieille en s'asseyant sur la grève, pauvre noire est bien lasse!... travail à blanc jamais fini!

— Oh! cela ne vous causera pas une grande peine, reprit la jeune folle; et puis nous vous récompenserons.

A ces mots elle lui mit dans la main quelques pièces de monnaie; nous en fîmes toutes autant. Aussitôt la négresse, qui semblait quelques instants auparavant ne pouvoir se soutenir, bondit comme une chèvre, étendit les bras vers la mer, marmota certaines phrases dans une langue qui

nous était inconnue, puis elle nous prit à l'écart l'une après l'autre, examina attentivement la main gauche de chacune, et fit, d'après cet examen, des prédictions diverses. Je fus la dernière dont elle s'occupa; à peine eut-elle regardé ma main qu'elle s'écria :

— Richesse! richesse!... grandeurs... honneurs!... bien loin... par de-là la mer... des palais... des fêtes... un trône...

— Qui sait, interrompit en riant celle de mes compagnes qui avait provoqué les prédictions et qui était demeurée près de moi, qui sait, ma chère, tu deviendras peut-être reine de France !

— Plus que reine! s'écria la veille Landry, plus que reine!... vous ne voyez pas; mais pauvre noire bien voir là-bas!...

Elle s'arrêta; la voix lui manquait, et un instant après elle tomba épuisée sur la table. Je ne saurais dire l'impression que fit sur moi cette scène étrange; je ne l'oublierai jamais. Vous le voyez, la prédiction de la vieille négresse est accomplie, et je suis en effet *plus que reine.* Vous comprendrez donc que j'aie foi en mademoiselle Lenormand qui m'a fait plusieurs prédictions non moins extraordinaires, qui toutes se sont réalisées.

Madame de Saint-Hilaire avait trop d'esprit pour n'être pas en temps opportun de l'avis de Sa Majesté impériale ; elle déclara qu'il y avait en effet quelque chose de bien extraordinaire dans cet événement, et qu'elle était d'ailleurs beaucoup moins esprit fort que ne le croyait Sa Majesté.

— Eh bien ! ma chère, dit Joséphine, consultez quelque jour mademoiselle Lenormand, et vous ne tarderez pas à être entièrement convaincue de l'existence de ces facultés mystérieuses qui sont un don de Dieu.

On arriva chez la sibylle qui, bien que n'ayant pas été prévenue, se trouva près

du marche-pied de la voiture lorsque la portière s'ouvrit ; l'illustre visiteuse et sa compagne furent introduites dans le cabinet de la prophétesse. L'impératrice ayant déclaré que tout pouvait se passer en présence de madame de Saint-Hilaire, la séance commença. Après certains préliminaires cabalistiques, la sibylle dit d'un ton effrayé.

— Malheur ! malheur !... Pendant près d'un demi-siècle je ne vois que guerres terribles, trônes brisés, princes chassés de leurs États... L'auguste enfant dont s'occupe en ce moment Votre Majesté sera jeté au milieu de la tempête... Oh ! que de nombreuses et cruelles épreuves !... mère infortunée ! que de tortures sont réservées à ton noble et généreux cœur !... Mais après quarante années, la colère de Dieu commence à s'apaiser ; l'horizon s'éclaircit... l'auguste enfant a brisé ses fers pour se faire soldat de la liberté... Il marche à la tête d'un grand peuple qui l'a choisi pour guide... Madame! Votre Majesté est plus que reine ; dans un demi-siècle votre petit-fils nouveau-né sera plus qu'Empereur !..

La prophétesse se tut après ces paroles et déclara ne pouvoir en ce moment répondre à aucune des questions qui lui seraient faites. Les visiteuses se retirèrent; Joséphine était accablée de tristesse, et depuis ce jour jusqu'à sa mort, arrivée six ans après, elle fut en proie aux plus sombres préoccupations (1).

Nous n'accordons certes pas plus d'importance à cet épisode qu'il n'en mérite, et nous savons que le hasard est parfois un bien grand sorcier; mais il nous a paru que les événements qui viennent de s'accomplir donnaient quelque intérêt à ce fragment inédit de souvenirs intimes auquel nous n'avons rien changé.

(1) Cet épisode a été raconté devant la personne qui écrit ces lignes, par M. Émile Marco de Saint-Hilaire, qui était alors page de l'empereur, et dont un de ses aïeux avait été *grand bouteiller* de Louis XIII.

La nomination de Jérôme Bônaparte, ex-roi de Wesphalie, comme gouverneur des Invalides, a été approuvée de tout le monde. Jérôme, en effet, est un des plus braves généraux de l'armée de l'empire, ainsi que le prouvent les notes suivantes qu'on ne saurait lire sans intérêt.

« Commandant en second l'escadre aux ordres de l'amiral Wallaumetz, expédiée pour ravitailler le cap de Bonne-Espérance, déjà occupé par les Anglais, le capitaine Jérôme Bonaparte, séparé, par une tempête, des vaisseaux de cette escadre, dont la plupart se réfugièrent aux États-Unis, non seulement tint la mer, mais seul avec son vaisseau il prit ou détruisit entièrement un convoi anglais, escorté de deux frégates, et qui sortait du Canada.

«Cette opération, exécutée dans un moment où il était harcelé par une escadre anglaise, est une entreprise audacieuse dont le succès fit éprouver au commerce anglais une perte de plus de vingt millions.

« C'est alors que l'Empereur le nomma contre-amiral, grade qui fut accordé non aux sollicitations ni à la faveur, mais à des services continuels rendus sur mer, et qui lui donnent à bien juste titre le droit d'être compté parmi les officiers de la marine française.

« Après avoir été reconnu prince français, et au moment de la campagne de Prusse, Jérôme Bonaparte fut nommé général de division, et reçut le commandement en chef de l'armée des alliés, chargée de la conquête de Silésie.

« Livré à lui-même, éloigné de la grande armée qui manœuvrait à plus de cent lieues, chargé d'observer l'armée autrichienne qui, sous les ordres d'un archiduc, ne perdait pas le moindre de ses mouvements, le prince continua ses opérations avec des troupes alliées qui n'étaient pas alors ce qu'elles sont devenues depuis. Ayant à

péine une divison française il conquit toutes
les places fortes de la Silésie, et mit enfin
un terme à cette campagne en enlevant,
pendant la nuit, le camp retranché de Glatz.
où s'étaient retirés les restes de l'armée
prusienne.

« C'est du prince Jérôme que l'Empereur disait, de son quartier-général de
Finsckenstein, qu'il montrait dans le commandement des alliés la vigueur dé la jeu-
nesse réunie à l'expérience d'un vieux général.

« C'est à lui que l'homme des siècles
décernait, comme récompense de ses services et en consolation d'une intermittence
de dangers, le sabre qu'il portait à la bataille de Marengo !

« Et ce prince quitta sa capitale, passa
le Rhin et vint rejoindre les aigles du grand
Empire.

« Après le retour de l'île d'Elbe, lorsque l'État était réellement en danger, le

prince Jérôme demanda une simple division, à la tête de laquelle, le 15 juin, à la bataille des Quatre-Bras, il fut blessé.

« Le 18, il commença et finit la bataille de Waterloo, et ce n'est que quand l'armée fut en pleine retraite que, revendiquant ses droits de lieutenant de l'Empereur, il prit le commandement de l'armée et parvint à effectuer sa retraite sur Laon, en présentant encore à l'ennemi un front respectable; et c'est à ce moment enfin qu'il remit à Laon, au maréchal duc de Dalmatie, comme major-général, vingt-cinq mille hommes d'infanterie, six mille hommes de cavalerie et deux batteries d'artillerie, tandis qu'on s'était hâté de débiter à Paris que pas un seul bataillon n'était ensemble.

FIN.

LAGNY.—Imp. de GIROUX et VIALAT.

www.ingramcontent.com/pod-product-compliance
Lightning Source LLC
Chambersburg PA
CBHW060625100426
42744CB00008B/1497